D1649206

Murciélagos en la biblioteca

TEXTO E ILUSTRACIONES
DE BRIAN LIES

WITHDRAWN

Editorial Juventud EJ BARCELONA

A Kate O'Sullivan, mi primera defensora de verdad; a los bibliotecarios de la Biblioteca Pública de Riverside (Illinois) y de la Biblioteca Libre de Duxbury (Massachusetts), y a Amy Tull, que me habló de un visitante alado que no tenía carnet...

Queda rigurosamente prohibida, sin la autorización escrita de los titulares del copyright, bajo las sanciones establecidas por las leyes, la reproducción parcial o total de esta obra por cualquier medio o procedimiento, comprendidos la reprografía y el tratamiento informático, y la distribución de ejemplares mediante alquiler o préstamo públicos.

Título original: BATS AT THE LIBRARY
© del texto y las ilustraciones: Brian Lies, 2008
Publicado con el acuerdo de Houghton Mifflin Company,
215, Park Avenue South, Nueva York 10003.

© EDITORIAL JUVENTUD, S. A., 2009
Provença, 101 - 08029 Barcelona
info@editorialjuventud.es
www.editorialjuventud.es

Traducción de CARLOS MAYOR
Primera edición, 2009
Segunda edición, 2009
Tercera edición, 2012
Depósito legal: B. 3.661-2012
ISBN 978-84-261-3725-8
Núm. de edición de E. J.: 12.465
Printed in Spain
A.V.C. GRÀFIQUES, Av. Generalitat, 39, Sant Joan Despí (Barcelona)

Atardece y despertamos,
de día no nos mostramos.
Queda mucho hasta la aurora:
¿qué se puede hacer ahora?

La monotonía es triste;
¿es que nada nuevo existe?
Entonces llega la alerta:
¡hay una ventana abierta!

«¡Vamos todos de aventura:
hoy es noche de lectura!»

La biblioteca ahí espera;
volamos a la carrera.
Todos vamos muy contentos:
¡hoy vamos a leer cuentos!

Siempre que alguien nos avisa
vamos allá, a toda prisa.

Todo el año lo esperamos

y ya por fin...

... aquí estamos.

Los más viejos van directos
a sus sitios predilectos.
Ya repasan, expectantes,
las obras de los estantes.

Otros buscan enseguida
algún libro de comida
o se cuelgan boca abajo
para leer un legajo.

Los nuevos quieren descubrir
por qué es importante venir:
nunca se tiene bastante
de este sitio fascinante.

Algunos deciden luego
dedicarse a algún juego,
hacen formas con las sombras
o ruedan por las alfombras.

«Esto es una maravilla,
le das a un botón y brilla.»
No copiamos ejemplares
sino caras muy dispares.

Hay libros fenomenales
que son tridimensionales.

Ahora unos se dan un baño
en un sitio un tanto extraño.
«Casi parece que llueva,
¡esto es mejor que la cueva!»

A veces cuesta sentarse
y en un libro concentrarse,
¡pero la hora del cuento
es un gran divertimento!

Si aguzamos el oído
oiremos algún chillido
ya muy cerca, muy cerquita,
hasta que el hipo nos quita...

Y es que nos hemos metido
en este libro leído.
En vez de mirar y oír,
hoy lo vamos a vivir.

Tan absortos ahora estamos
que en la luz ni nos fijamos.

«¿Qué es ese brillo? ¿La luna?
Es el día... ¡Mala fortuna!»
¡Llevamos muy poco rato
y está a medias el relato!

Ha llegado la mañana,
y huimos por la ventana.

¡A ver si un bibliotecario
es un día solidario
y nos la abre de par en par
para volver a disfrutar!

De momento soñaremos
con todo lo que sabemos,
y una noche muy esperada
se oirá otra vez la llamada:

«¡Vamos todos de aventura:
hoy es noche de lectura!»

31901051394353